σχολείο - sakola	2
ταξίδι - lalampahan	5
μεταφορά - transportasi	8
πόλη - kota	10
τοπίο - pamandangan	14
εστιατόριο - restoran	17
σούπερ μάρκετ - supermarkét	20
ποτά - inuman	22
φαγητό - dahareun	23
αγρόκτημα - pertanian	27
σπίτι - imah	31
σαλόνι - rohang tamu	33
κουζίνα - dapur	35
μπάνιο - kamar ibak	38
παιδικό δωμάτιο - kamar budak	42
ρούχα - acuk	44
γραφείο - kantor	49
οικονομία - ékonomi	51
επαγγέλματα - pagawéan	53
εργαλεία - alat	56
μουσικά όργανα - alat musik	57
ζωολογικός κήπος - kebon binatang	59
αθλήματα - olahraga	62
δραστηριότητες - aktivitas	63
οικογένεια - kulawarga	67
σώμα - awak	68
νοσοκομείο - rumah sakit	72
έκτακτη ανάγκη - darurat	76
Γη - Bumi	77
ρολόι - jam	79
εβδομάδα - minggu	80
έτος - taun	81
σχήματα - bentuk	83
χρώματα - warna-warna	84
αντίθετα - sabalikna	85
αριθμοί - angka-angka	88
γλώσσες - basa-basa	90
ποιος / τι / πως - saha / naon / kumaha	91
που - di mana	92

Impressum
Verlag: BABADADA GmbH, Nedderfeld 112 , 22529 Hamburg
Geschäftsführer / Verlagsleitung: Harald Hof
Druck: Books on Demand GmbH, In de Tarpen 42, 22848 Norderstedt

Imprint
Publisher: BABADADA GmbH, Nedderfeld 112 , 22529 Hamburg, Germany
Managing Director / Publishing direction: Harald Hof
Print: Books on Demand GmbH, In de Tarpen 42, 22848 Norderstedt

σχολείο
sakola

- σχολική τάξη / rohang kelas
- διαιρώ / bagi
- πίνακας / papan
- σχολική αυλή / pakarangan sakola
- δάσκαλος / guru
- χαρτί / kertas
- γράφω / nyerat / nulis
- στυλό / kalam
- γραφείο / méja gawé
- χάρακας / jidar
- βιβλίο / buku
- μαθητής / murit

σχολική τσάντα
tas sakola

κασετίνα / μολυβοθήκη
wadah potlot

μολύβι
potlot

ξύστρα
rautan potlot

γόμα
pamupus

μπλοκ ζωγραφικής
kertas gambar

ζωγραφική
gambar

πινέλο
kuas cét

κουτί χρωμάτων
kotak cét

ψαλίδι
gunting

κόλλα
lém

τετράδιο ασκήσεων
buku latihan

εργασία για το σπίτι
péér

αριθμός
angka

προσθέτω
nambahkeun

αφαιρώ
kurang

πολλαπλασιάζω
kali

υπολογίζω
ngitung

γράμμα
surat

αλφάβητο
alpabét

λέξη
kecap

σχολείο - sakola

κείμενο
téks

διαβάζω
maca

κιμωλία
kapur

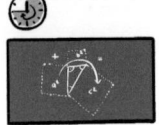
μάθημα
palajaran

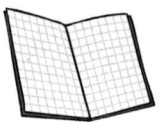
εγγράφομαι
daptar

τεστ
ujian

πιστοποιητικό
sértipikat

μαθητική στολή
saragam sakola

εκπαίδευση
atikan

εγκυκλοπαίδεια
énsiklopédi

πανεπιστήμιο
univérsitas

μικροσκόπιο
mikroskop

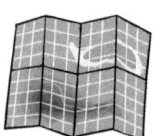
χάρτης
peta

καλάθι αχρήστων
wadah runtah

σχολείο - sakola

ταξίδι
lalampahan

ξενοδοχείο / hotél

ξενώνας / hostél

ανταλλακτήρια συναλλάγματος / kantor pertukaran mata uang

βαλίτσα / koper

αυτοκίνητο / mobil

γλώσσα
basa

ναι / όχι
muhun / henteu

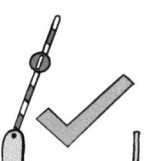

εντάξει
oké

γεια σου
hei

μεταφραστής
panarjamah

Ευχαριστώ
hatur nuhun

πόσο κάνει ;
sabaraha hargana…?

Δε καταλαβαίνω
abdi teu ngartos

πρόβλημα
masalah

Καλησπέρα!
Wilujeng wengi!

Καλημέρα!
Wilujeng siang!

Καληνύχτα!
Wilujeng wengi!

Αντίο
mugi patepang deui

κατεύθυνση
arah

αποσκευές
bagasi

τσάντα
kantong

σακίδιο πλάτης
ransel

καλεσμένος
tamu

δωμάτιο
rohang

υπνόσακος
kantong saré

σκηνή
tenda

ταξίδι - lalampahan

τουριστικές πληροφορίες
informasi wisata

παραλία
pantai

πιστωτική κάρτα
kartu krédit

πρωινό
sarapan

μεσημεριανό
dahar beurang

δείπνο
dahar peuting

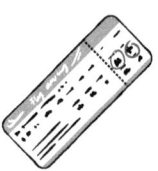
εισιτήριο
tikét

ανελκυστήρας
lift

γραμματόσημο
perangko

σύνορα
wates

τελωνείο
cukai

πρεσβεία
kedutaan

βίζα
visa

διαβατήριο
paspor

ταξίδι - lalampahan

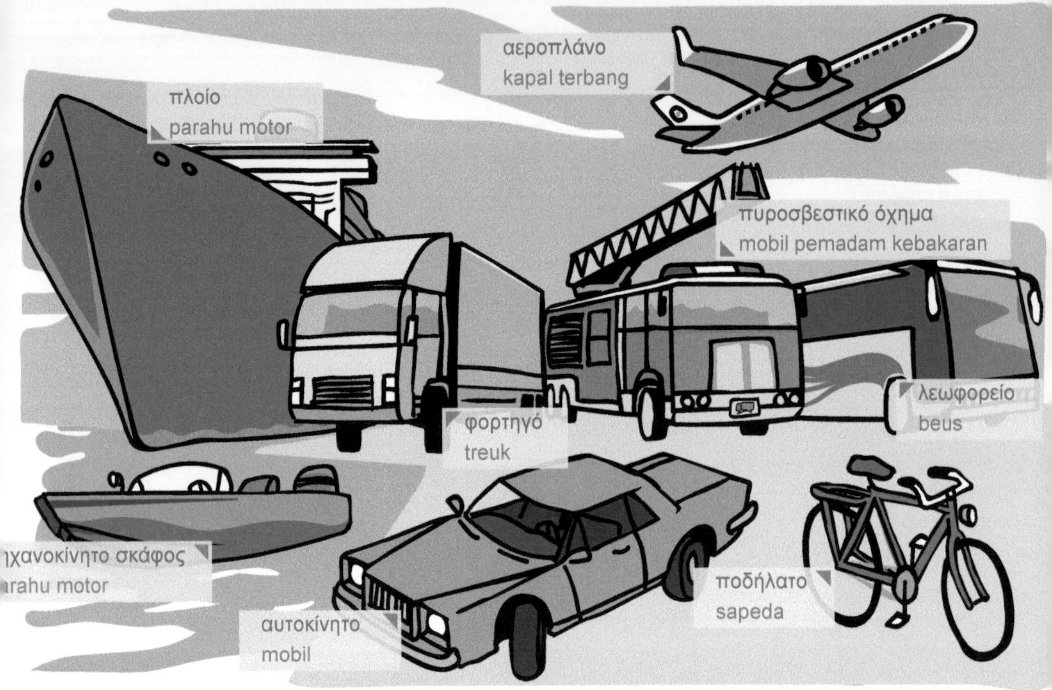

αεροπλάνο
kapal terbang

πλοίο
parahu motor

πυροσβεστικό όχημα
mobil pemadam kebakaran

λεωφορείο
beus

φορτηγό
treuk

ποδήλατο
sapeda

αυτοκίνητο
mobil

μηχανοκίνητο σκάφος
parahu motor

φεριμπότ
kapal féri

βάρκα
parahu

μοτοσικλέτα
sapeda motor

περιπολικό
mobil pulisi

αγωνιστικό αυτοκίνητο
mobil balap

ενοικιαζόμενο αυτοκίνητο
mobil nyéwa

μεταφορά - transportasi

διαμοιρασμός αυτοκινήτων | γερανός | απορριμματοφόρο
mobil babarengan | treuk dérék | treuk runtah

κινητήρας | καύσιμο | βενζινάδικο
motor | bahan bakar | bénsin

 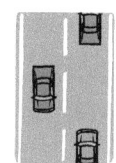 

πινακίδα σήμανσης | κυκλοφορία | κυκλοφοριακή συμφόρηση
tanda lalulintas | lalulintas | macét

χώρος στάθμευσης | σιδηροδρομικός σταθμός | σιδηροδρομικές γραμμές
parkir mobil | stasiun karéta | trék

 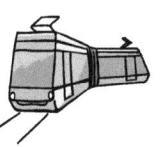 

τρένο | τραμ | βαγόνι
karéta api | tram | garobag

μεταφορά - transportasi

ελικόπτερο
hélikopter

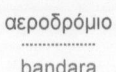
αεροδρόμιο
bandara

πύργος
munara

επιβάτης
panumpang

εμπορευματοκιβώτιο
konténer

χαρτοκιβώτιο
karton

καρότσι
troli

καλάθι
karanjang

απογειώνομαι /
προσγειόνομαι
terbang / landas

πόλη
kota

χωριό
kampung

κέντρο της πόλης
tengah kota

σπίτι
imah

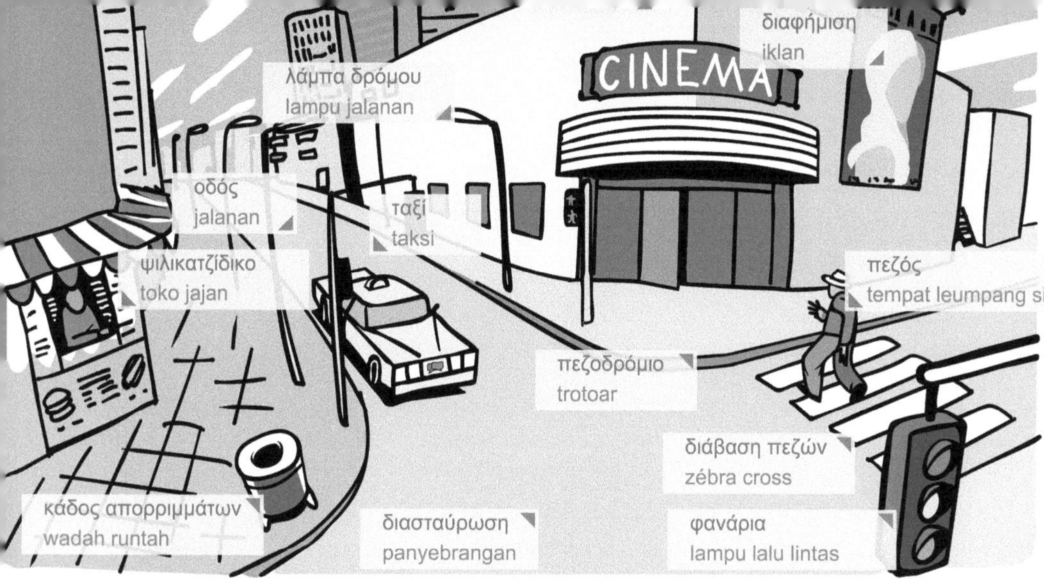

καλύβα
gubuk

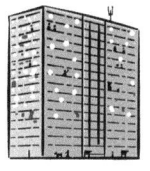

διαμέρισμα
imah flat

σιδηροδρομικός σταθμός
stasiun karéta

δημαρχείο
balai kota

μουσείο
museum

σχολείο
sakola

πόλη - kota

πανεπιστήμιο
univérsitas

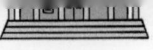

τράπεζα
bank

νοσοκομείο
rumah sakit

ξενοδοχείο
hotél

φαρμακείο
farmasi

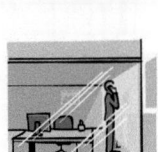

γραφείο
kantor

βιβλιοπωλείο
toko buku

κατάστημα
toko

ανθοπωλείο
toko kembang

σούπερ μάρκετ
supermarkét

αγορά
pasar

πολυκατάστημα
swalayan

ιχθυοπωλείο
nalayan

εμπορικό κέντρο
pusat balanja

λιμάνι
palabuan

πόλη - kota

πάρκο
kebon

παγκάκι
korsi

γέφυρα
sasak

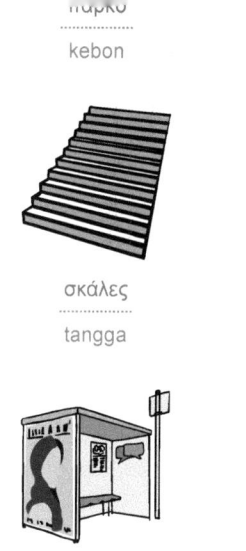

σκάλες
tangga

μετρό
kareta bawah tanah

τούνελ
torowongan

στάση λεωφορείου
halte beus

μπαρ
bar

εστιατόριο
restoran

γραμματοκιβώτιο
kotak surat

πινακίδα δρόμου
tanda jalan

παρκόμετρο
meteran parkir

ζωολογικός κήπος
kebon binatang

πισίνα
kolam renang

τζαμί
masigit

πόλη - kota

αγροκτήμα	ρύπανση	νεκροταφείο
pertanian	polusi	kuburan

εκκλησία
gareja

παιδική χαρά
tempat ulin

ναός
pura

τοπίο
pamandangan

φύλλο / daun
πινακίδα κατεύθυνσης / panunjuk arah
δρόμος / jalanan
λιβάδι / ladang jukut
πέτρα / batu
δέντρο / tangkal
πεζοπόρος / tukang leumpang
ποτάμι / susukan
χορτάρι / jukut
λουλούδι / kembang

τοπίο - pamandangan

κοιλάδα
lengkob

λόφος
bukit

λίμνη
tasik

δάσος
leuweung

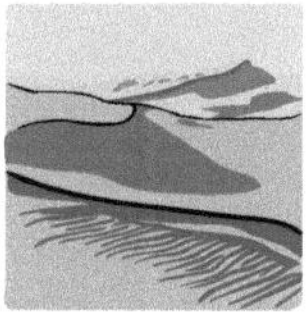

έρημος
gurun

ηφαίστειο
gunung marapi

κάστρο
karaton

ουράνιο τόξο
katumbiri

μανιτάρι
suung

φοίνικας
tangkal palem

κουνούπι
reungit

μύγα
laleur

μυρμήγκι
sireum

μέλισσα
nyiruan

αράχνη
lamat lancah

τοπίο - pamandangan

σκαθάρι	βάτραχος	σκίουρος
nyiruan	bangkong	bajing

σκαντζόχοιρος	λαγός	κουκουβάγια
landak	kalinci	bueuk

πουλί	κύκνος	αγριογούρουνο
manuk	soang	bagong

ελάφι	άλκη	φράγμα
kijang	kijang	bendungan

 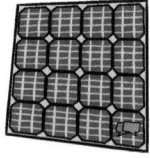 

ανεμογεννήτρια	ηλιακός συλλέκτης	κλίμα
turbin angin	panél surya	iklim

τοπίο - pamandangan

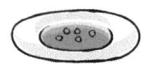

ορεκτικό	κύριο πιάτο	επιδόρπιο
hidangan pembuka	hidapan utama	hidangan penutup

ποτά	φαγητό	μπουκάλι
inuman	dahareun	botol

εστιατόριο - restoran

φαστ φουντ | φαγητό οτ υρσιυ | τσαγιερα
dahareun cepat saji | jajanan sisi jalan | téko téh

δοχείο ζάχαρης
wadah gula

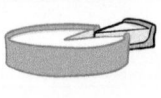
μερίδα
porsi

μηχανή εσπρέσο
mesin éspréso

ψηλή καρέκλα
korsi jangkung

λογαριασμός
tagihan

δίσκος
baki

μαχαίρι
péso

πιρούνι
garpu

κουτάλι
séndok

κουταλάκι του τσαγιού
séndok téh

πετσέτα φαγητού
serbét

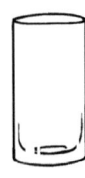
ποτήρι
gelas

εστιατόριο - restoran

πιάτο	πιάτο σούπας	πιατάκι φλιτζανιού
piring	mangkok sop	pisin

σάλτσα	αλατιέρα	μύλος για πιπέρι
saos	wadah uyah	panggiling pedes

ξύδι	λάδι	μπαχαρικά
cuka	minyak	bumbu

κέτσαπ	μουστάρδα	μαγιονέζα
saos tomat	mustard	mayonés

εστιατόριο - restoran

προσφορά
tawaran husus

πελάτης
klién

γαλακτοκομικά προϊόντα
produk susu

φρούτα
buah

καρότσι για ψώνια
troli

κρεοπωλείο
tukang meuncit

φούρνος
toko roti

ζυγίζω
nimbang

λαχανικά
sayur

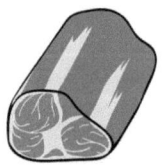

κρέας
daging

κατεψυγμένα τρόφιμα
tuangeun beku

σούπερ μάρκετ - supermarkét

αλλαντικά alat potong daging	κονσερβοποιημένη τροφή dahareun kaléng	απορρυπαντικό ρούχων sabun serbuk

γλυκά permén	οικιακά είδη perkakas rumah tangga	καθαριστικά προϊόντα produk pembersih

πωλήτρια tukang jualan	ταμείο kasa	ταμίας kasir

λίστα για ψώνια daftar balanja	ωράριο λειτουργίας jam buka	πορτοφόλι dompét

πιστωτική κάρτα kartu krédit	τσάντα kantong	πλαστική σακούλα kantong palastik

σούπερ μάρκετ - supermarkét

νερό
cai

χυμός
jus

γάλα
susu

κόκα κόλα
kola

κρασί
anggur

μπίρα
arak

αλκοόλ
arak

κακάο
coklat

τσάι
téh

καφές
kopi

εσπρέσο
éspréso

καπουτσίνο
kapucino

ποτά - inuman

μπανάνα
pisang

μήλο
apel

πορτοκάλι
jeruk

πεπόνι
samangka

λεμόνι
lémon

καρότο
wortel

σκόρδο
bawang bodas

μπαμπού
awi

κρεμμύδι
bawang bombai

μανιτάρι
suung

ξηροί καρποί
suuk

νουντλς
emih

φαγητό - dahareun

μακαρόνια	ρύζι	σαλάτα
spagéti	sangu	salat

πατατάκια	τηγανητές πατάτες	πίτσα
kentang goréng	kentang goréng	pitsa

χάμπουργκερ	σάντουιτς	κοτολέτα
hamburger	roti lapis	sakeureut daging

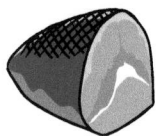  

ζαμπόν	σαλάμι	λουκάνικο
ham	salami	sosis

κοτόπουλο	ψητό	ψάρι
hayam	ngagoreng	lauk

φαγητό - dahareun

χυλός βρώμης	μούσλι	κορν φλέικς
bubur gandum	séréal	cornflakes
αλεύρι	κρουασάν	ψωμάκι
tarigu	croissant	roti
ψωμί	τοστ	μπισκότα
roti	roti panggang	biskuit
βούτυρο	τυρόπηγμα	κέικ
mantéga	dadih	kuéh
αυγό	τηγανητό αυγό	τυρί
endog	goréng endog	keju

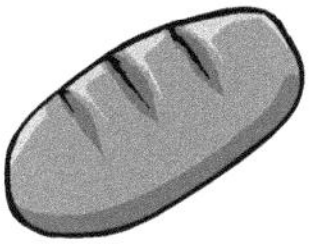

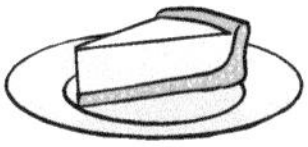

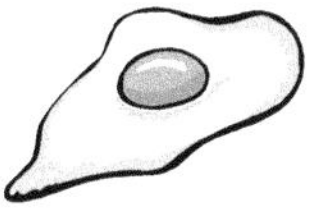

φαγητό - dahareun

παγωτό	ζάχαρη	μέλι
eskrim	gula	madu

μαρμελάδα	άλλειμμα σοκολάτας	κάρυ
selé	krim coklat	karé

φαγητό - dahareun

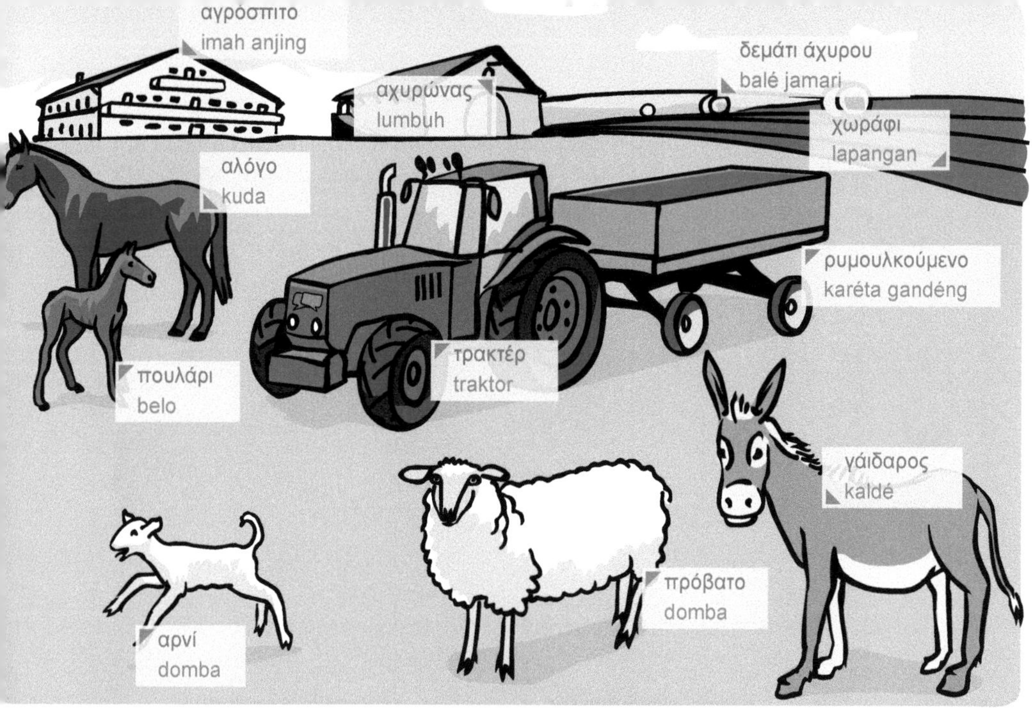

αγρόσπιτο
imah anjing

αχυρώνας
lumbuh

δεμάτι άχυρου
balé jamari

χωράφι
lapangan

άλογο
kuda

ρυμουλκούμενο
karéta gandéng

πουλάρι
belo

τρακτέρ
traktor

γάιδαρος
kaldé

πρόβατο
domba

αρνί
domba

κατσίκα
embé

αγελάδα
sapi

μοσχαράκι
bitis

γουρούνι
bagong

γουρουνάκι
babi

ταύρος
banténg

αγρόκτημα - pertanian

χήνα
soang

πάπια
éntog

κοτόπουλάκι
pitik

κότα
hayam

κόκορας
hayam jago

αρουραίος
beurit

γάτα
ucing

ποντίκι
beurit

βόδι
sapi

σκύλος
anjing

σπιτάκι σκύλου
imah anjing

λάστιχο κήπου
selang

ποτιστήρι
kaléng nyiram

θεριστήρι
arit panjang

αλέτρι
ngabajak

αγρόκτημα - pertanian

arit

pacul

garpuh jukut

τσεκούρι
kapak

χειράμαξα
gorobah

ταΐστρα
palung

δοχείο γάλακτος
kaléng susu

σάκος
karung

φράχτης
pager

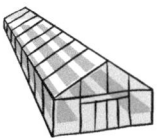

στάβλος
kandang

θερμοκήπιο
imah kaca

έδαφος
taneuh

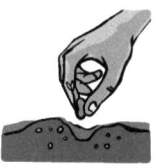

σπόρος
benih

λίπασμα
pupuk

θεριζοαλωνιστική μηχανή
mesin permén

αγρόκτημα - pertanian

θερίζω	συγκομιδή	γιαμς
panén	panén	yams

σιτάρι	σόγια	πατάτα
gandum	kedelé	kentang

καλαμπόκι	κράμβη	οπωροφόρο δέντρο
jagong	lobak	tangkal buah

μανιόκα	δημητριακά
sampeu	séréal

αγρόκτημα - pertanian

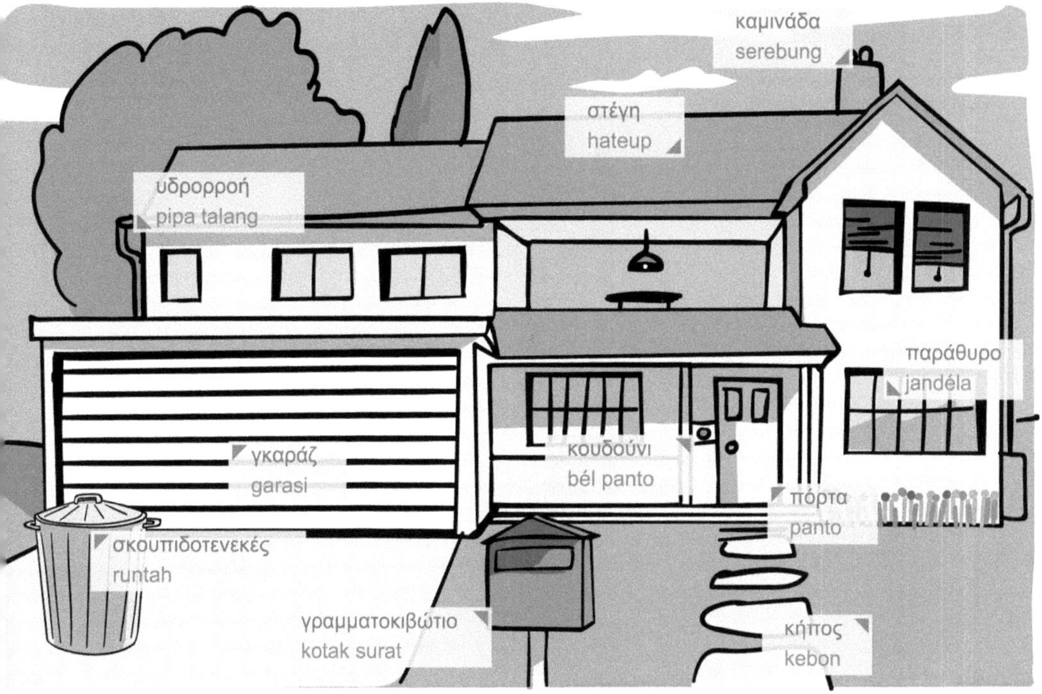

καμινάδα
serebung

στέγη
hateup

υδρορροή
pipa talang

παράθυρο
jandéla

γκαράζ
garasi

κουδούνι
bél panto

πόρτα
panto

σκουπιδοτενεκές
runtah

γραμματοκιβώτιο
kotak surat

κήπος
kebon

σαλόνι
rohang tamu

μπάνιο
kamar ibak

κουζίνα
dapur

υπνοδωμάτιο
pangkéng

παιδικό δωμάτιο
kamar budak

τραπεζαρία
kamar makan

σπίτι - imah

πάτωμα
téhel

τοίχος
tembok

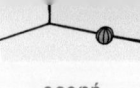
οροφή
hateup

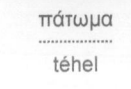
κελάρι
gudang di handap imah

σάουνα
sauna

μπαλκόνι
balkon

βεράντα
tepas

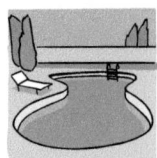
πισίνα
kolam renang

μηχανή του γκαζόν
mesin pamotong jukut

σεντόνι
sepré

κάλυμμα κρεβατιού
simbut

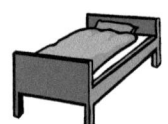
κρεβάτι
ranjang

σκούπα
sapu

κουβάς
émbér

διακόπτης
tombol

σπίτι - imah

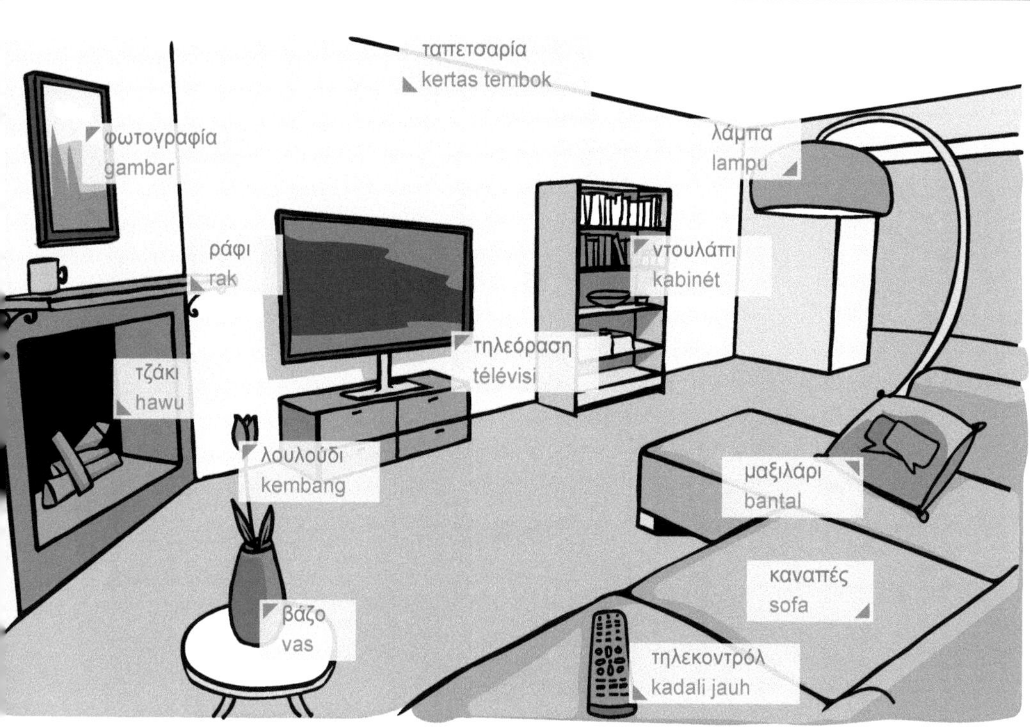

rohang tamu

ταπετσαρία / kertas tembok
φωτογραφία / gambar
λάμπα / lampu
ράφι / rak
ντουλάπι / kabinét
τζάκι / hawu
τηλεόραση / télévisi
λουλούδι / kembang
μαξιλάρι / bantal
βάζο / vas
καναπές / sofa
τηλεκοντρόλ / kadali jauh

χαλί
karpét

κουρτίνα
hordéng

τραπέζι
meja

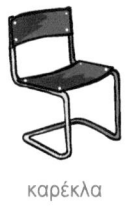

καρέκλα
korsi

κουνιστή πολυθρόνα
korsi goyang

πολυθρόνα
korsi malas

σαλόνι - rohang tamu

βιβλίο
buku

κουβέρτα
simbut

διακόσμηση
dékorasi

καυσόξυλα
suluh

ταινία
pilem

στερεοφωνικό σύστημα
hi-fi

κλειδί
konci

εφημερίδα
surat kabar

πίνακας ζωγραφικής
lukisan

αφίσα
poster

ραδιόφωνο
radio

σημειωματάριο
buku tulis

ηλεκτρική σκούπα
panyedot kebul

κάκτος
kaktus

κερί
lilin

σαλόνι - rohang tamu

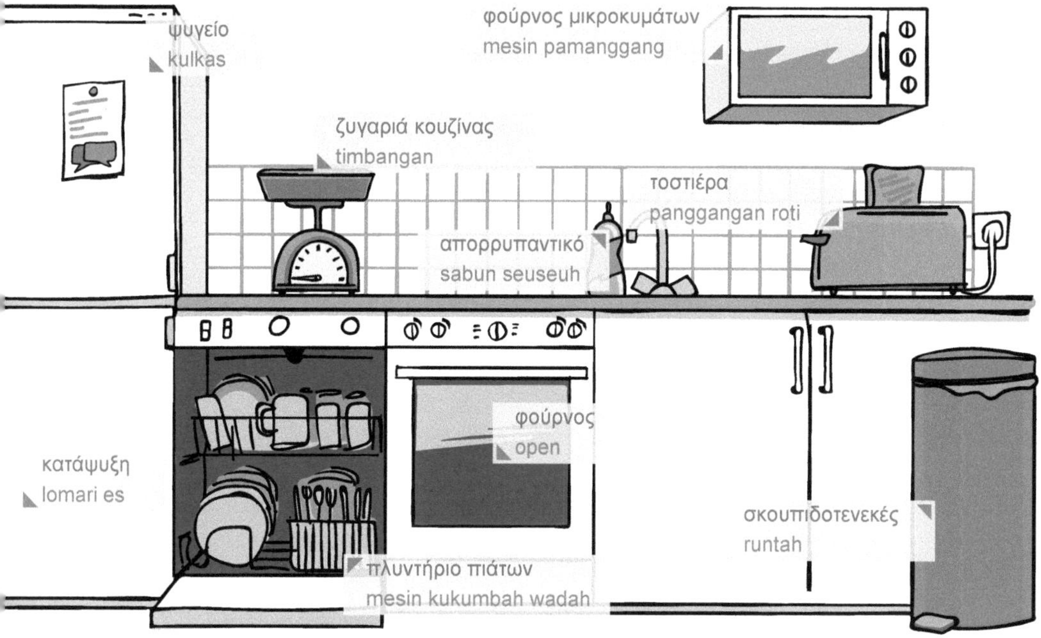

ψυγείο
kulkas

φούρνος μικροκυμάτων
mesin pamanggang

ζυγαριά κουζίνας
timbangan

τοστιέρα
panggangan roti

απορρυπαντικό
sabun seuseuh

κατάψυξη
lomari es

φούρνος
open

σκουπιδοτενεκές
runtah

πλυντήριο πιάτων
mesin kukumbah wadah

κουζίνα
kompor

κατσαρόλα
panci

μαντεμένια κατσαρόλα
panci beusi

γουόκ/καντάι
katél

τηγάνι
panci

βραστήρας
citél

κουζίνα - dapur

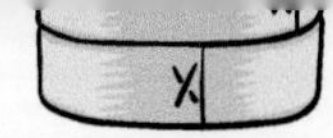

ατμομάγειρας	ταψί	πιατικά
langseng	baki	piring

κούπα	μπολ	ξυλάκια
cangkir	mangkok	sumpit

κουτάλα	σπάτουλα	ανακατεύω
sendok sop	sérok	pangocok

σουρωτήρι	σουρωτηράκι	τρίφτης
ayakan	saringan	parutan

γουδί	ψησταριά	ανοιχτή φωτιά
mortar	daging bakar	suluh

κουζίνα - dapur

σανίδα κοπής
papan pamotong

πλάστης
gilingan

ανοιχτήρι φελλών
alat pambuka tutup botol

κονσέρβα
kaléng

ανοιχτήρι κονσέρβας
pambuka kaléng

γάντι φούρνου
gagang panci

νεροχύτης
tilelep

βούρτσα
sikat

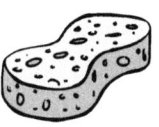
σφουγγάρι
busa

μπλέντερ
blénder

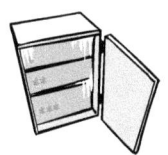
καταψύκτης
lomari es

μπιμπερό
botol orok

βρύση
keran

κουζίνα - dapur

kamar ibak

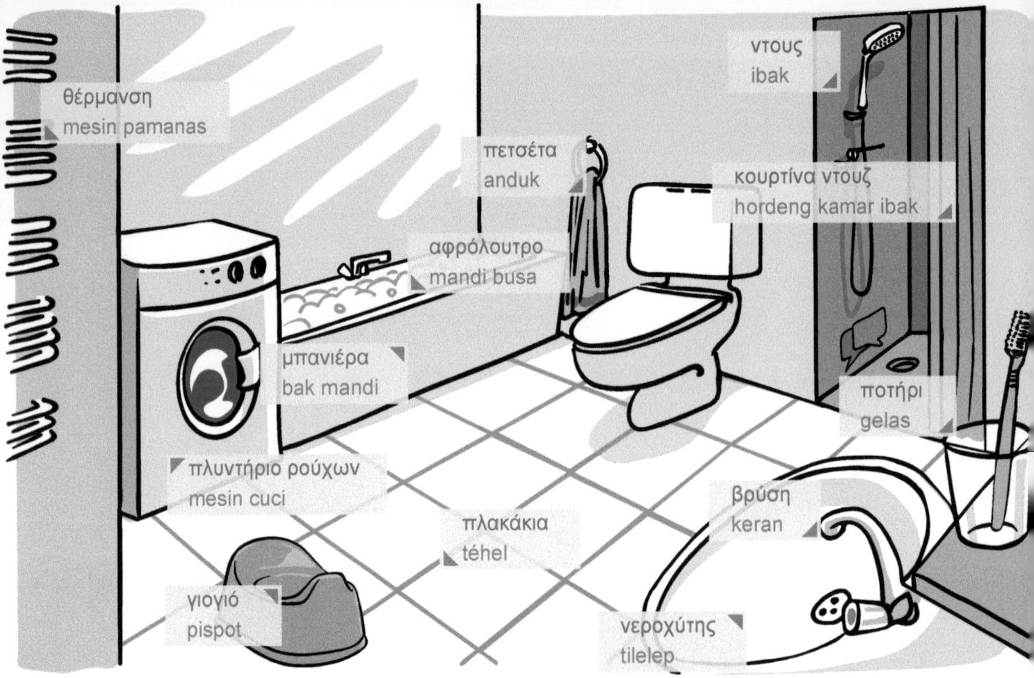

τουαλέτα	τούρκικη τουαλέτα	μπιντές
jamban	cubluk	bidét

ουρητήριο	χαρτί υγείας	πιγκάλ
urinal	kertas jamban	sikat jamban

μπάνιο - kamar ibak

οδοντόβουρτσα
sikat huntu

οδοντόκρεμα
odol

οδοντικό νήμα
benang gigi

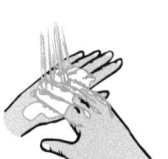
πλένω
nyeuseuh

τηλέφωνο ντους
kokocoran leungeun

ντουσιέρα
kukucuran

λεκάνη
bak

βούρτσα πλάτης
panyikat tonggong

σαπούνι
sabun

αφρόλουτρο
gel ibak

σαμπουάν
sampo

φανέλα
planél

σιφόνι
nguras

κρέμα
krim

αποσμητικό
déodoran

μπάνιο - kamar ibak

καθρέφτης
eunteung

καθρέφτης χειρός
eunteung leungeun

ξυραφάκι
péso cukur

αφρός ξυρίσματος
busa cukur

αφτερσέιβ
krim cukur

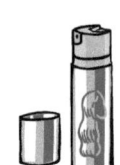
χτένα
sisir

βούρτσα
sikat

σεσουάρ
alat panggaring rambut

λακ
semprotan rambut

μακιγιάζ
pangrias beungeut

κραγιόν
lipstik

βερνίκι νυχιών
cét kuku

βαμβάκι
kapas

ψαλίδι νυχιών
gunting kuku

άρωμα
minyak seungit

νεσεσέρ
kantong seuseuh

σκαμπό
bangku

ζυγαριά
timbangan

μπουρνούζι
baju mandi

ελαστικά γάντια
sarung tangan karét

ταμπόν
sampon

πετσέτα υγιεινής
handuk pembalut

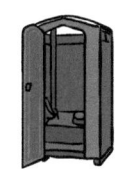
χημική τουαλέτα
jamban kimia

μπάνιο - kamar ibak

kamar budak

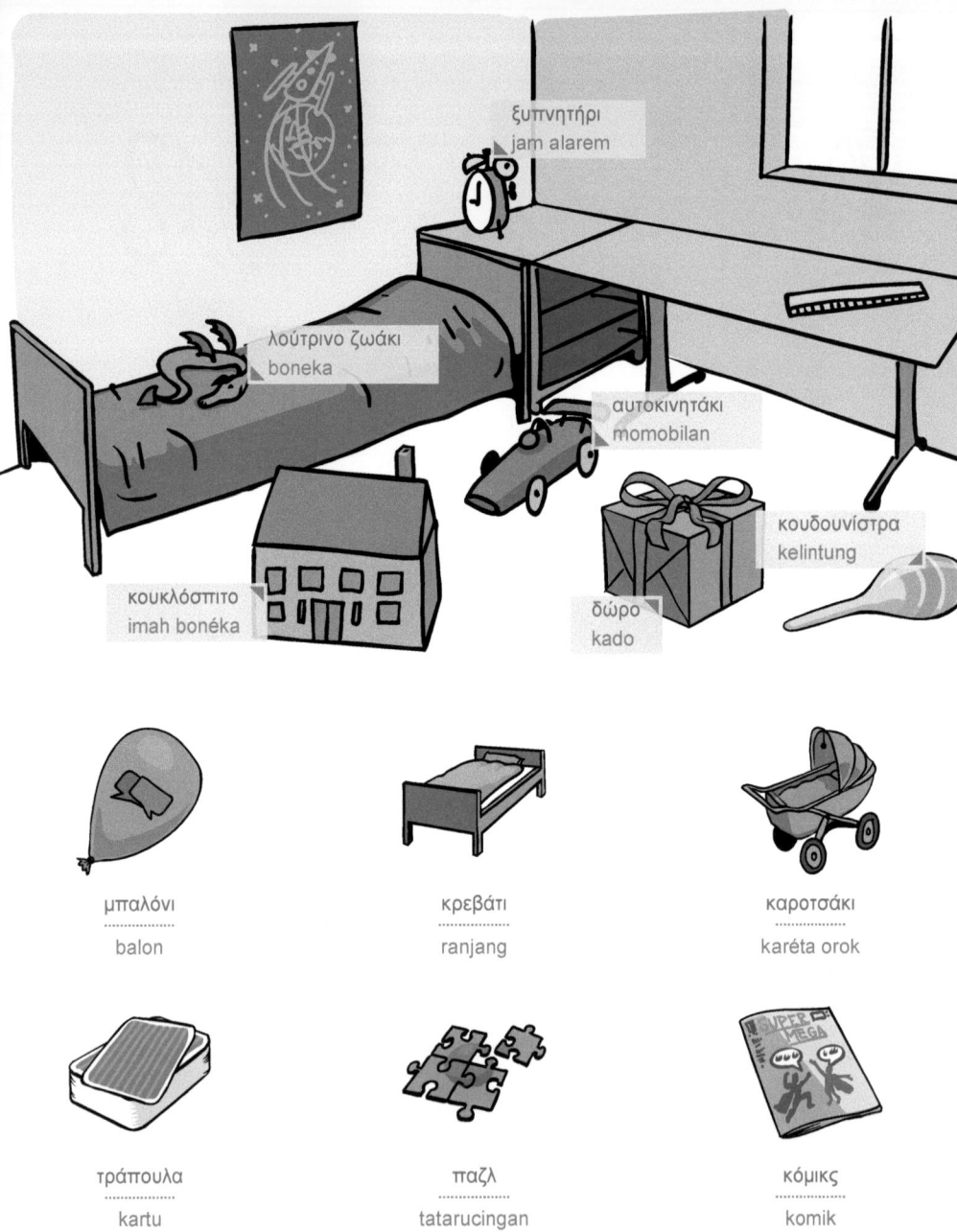

μπαλόνι	κρεβάτι	καροτσάκι
balon	ranjang	karéta orok
τράπουλα	παζλ	κόμικς
kartu	tatarucingan	komik

παιδικό δωμάτιο - kamar budak

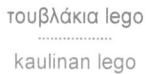

τουβλάκια lego

kaulinan lego

τουβλάκια κατασκευών

kaulinan bentuk blok

φιγούρα δράσης

figur tokoh

βρεφικό φορμάκι

baju budak

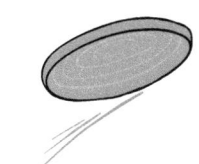

φρίσμπι

frisbee

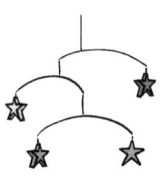

μόμπιλο

mobile

επιτραπέζιο παιχνίδι

papan gim

ζάρια

dadu

σετ τρενάκι

set model kareta api

πιπίλα

endot

πάρτι

pihak

εικονογραφημένο βιβλίο

buku gambar

μπάλα

bal

κούκλα

bonéka

παίζω

ulin

παιδικό δωμάτιο - kamar budak

σκάμμα με άμμο
wadah pasir maénan

κούνια
ayunan

παιχνίδια
kaulinan

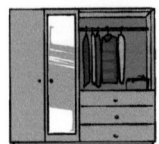
κονσόλα βιντεοπαιχνιδιών
video gim konsol

τρίκυκλο
sapedah roda tilu

αρκουδάκι
bonéka beruang

ντουλάπα
lomari baju

ρούχα
acuk

κάλτσες
kaos kaki

κaλτσοδέτες
kaos kaki

καλσόν
baju ketat

ρούχα - acuk

σώμα
awak

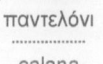

παντελόνι
calana

τζιν παντελόνι
jins

φούστα
rok

μπλούζα
blus

πουκάμισο
kaméja

πουλόβερ
jakét tiung

πουλόβερ
baju haneut

σακάκι
jakét

μπουφάν
jakét

παλτό
jakét

αδιάβροχο πανωφόρι
jas hujan

κοστούμι
kostum

φόρεμα
gaun

νυφικό
gaun pangantén

 κοστούμι baju resmi	νυχτικό baju saré	πιτζάμες piyama
 σάρι sari	 μαντήλι tiung	 τουρμπάνι turban
 μπούρκα burka	 καφτάνι kaftan	 μουσουλμανικό ένδυμα abaya
 ολόσωμο μαγιό baju renang	 ανδρικό μαγιό calana renang	 σορτς calana péndék
 αθλητική φόρμα orang raga	 ποδιά celemék	 γάντια sarung tangan

ρούχα - acuk

κουμπί	γυαλιά	βραχιόλι
kancing	kaca soca	gelang

περιδέραιο	δαχτυλίδι	σκουλαρίκι
kongkorong	ali	giwang

καπέλο	κρεμάστρα	καπέλο
topi	gantungan jakét	topi

γραβάτα	φερμουάρ	κράνος
dasi	risléting	hélem

τιράντες	μαθητική στολή	στολή
tali salémpang	saragam sakola	saragam

ρούχα - acuk

σαλιάρα
apron orok

πιπίλα
endot

πάνα
popok

γραφείο
kantor

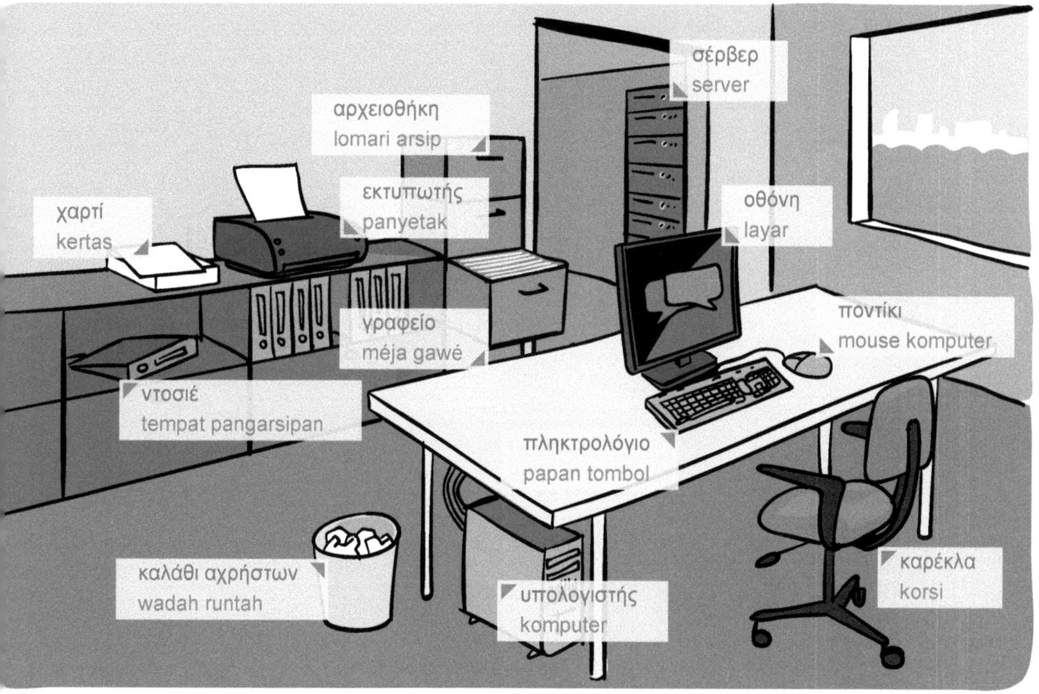

χαρτί / kertas
αρχειοθήκη / lomari arsip
εκτυπωτής / panyetak
σέρβερ / server
οθόνη / layar
γραφείο / méja gawé
ποντίκι / mouse komputer
ντοσιέ / tempat pangarsipan
πληκτρολόγιο / papan tombol
καλάθι αχρήστων / wadah runtah
υπολογιστής / komputer
καρέκλα / korsi

κούπα του καφέ
cangkir kopi

κομπιουτεράκι
kalkulator

ίντερνετ
internét

γραφείο - kantor   49

λάπτοπ
laptop

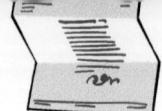
γράμμα
surat

μήνυμα
pesen

κινητό
telpon sélulér

δίκτυο
jaringan

φωτοτυπικό μηχάνημα
fotokopi

λογισμικό
software

τηλέφωνο
telpon

πρίζα
plug sokét

συσκευή φαξ
mesin fax

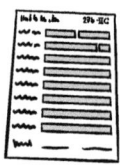
έντυπο
formulir

έγγραφο
dokumén

ékonomi

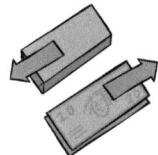
αγοράζω
mésér

πληρώνω
mayar

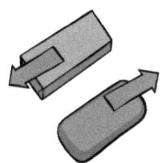
συναλλάσσομαι
dagang

χρήματα
artos

δολάριο
dollar

ευρώ
euro

γιεν
yen

ρούβλι
rubel

ελβετικό φράγκο
Franc swiss

ρενμίνμπι γιουάν
renminbi yuan

ρουπία
rupiah

ATM (αυτόματη ταμειακή μηχανή)
ATM

οικονομία - ékonomi

ανταλλακτήρια συναλλάγματος
kantor pertukaran mata uang

χρυσός
emas

ασήμι
pérak

πετρέλαιο
minyak

ενέργεια
énérgi

τιμή
harga

συμβόλαιο
kontrak

φόρος
pajak

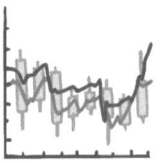
μετοχή
saham

δουλεύω
gawé

υπάλληλος
karyawan

εργοδότης
dunungan

εργοστάσιο
pabril

κατάστημα
toko

οικονομία - ékonomi

pagawéan

αστυνόμος
petugas pulisi

πυροσβέστης
pemadam kebakaran

μάγειρας
koki

γιατρός
dokter

πιλότος
pilot

κηπουρός
tukan kebon

ξυλουργός
tukang kai

μοδίστρα
tukang jait awéwé

δικαστής
hakim

χημικός
ahli kimia

ηθοποιός
aktor

επαγγέλματα - pagawéan

οδηγός λεωφορείου
sopir beus

ταξιτζής
sopir taksi

ψαράς
nalayan

καθαρίστρια
pembantu

τεχνίτης στεγών
tukang hateup

σερβιτόρος
badega

κυνηγός
tukang muru

ζωγράφος
pelukis

αρτοποιός
tukang roti

ηλεκτρολόγος
tukang listrik

οικοδόμος
tukang bangun

μηχανολόγος
insinyur

κρεοπώλης
tukang daging

υδραυλικός
tukang pipa

ταχυδρόμος
tukang pos

επαγγέλματα - pagawéan

στρατιώτης
tentara

αρχιτέκτονας
arsiték

ταμίας
kasir

ανθοπώλης
tukang kembang

κομμωτής
tukang salon

ελεγκτής εισιτηρίων
konduktor

μηχανικός
tukang méngkél

καπετάνιος
kaptén

οδοντίατρος
dokter gigi

επιστήμονας
ilmuwan

ραβίνος
rabbi

ιμάμης
imam

μοναχός
biarawan

ιερέας
pendéta

επαγγέλματα - pagawéan

εργαλεία
alat

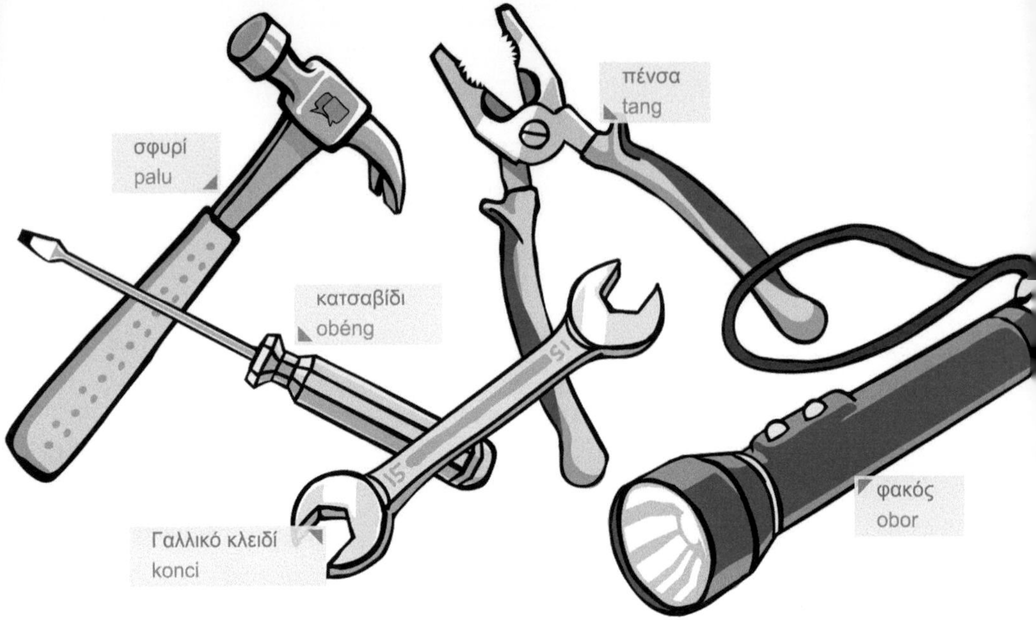

σφυρί / palu

πένσα / tang

κατσαβίδι / obéng

Γαλλικό κλειδί / konci

φακός / obor

εκσκαφέας
panggali

εργαλειοθήκη
kantong parkakas

σκάλα
tangga

πριόνι
ragaji

καρφιά
paku

τρυπάνι
bor

επισκευάζω

ngabenerkeun

φτυάρι

sekop

Να πάρει!

Kéhéd!

φαράσι

pengki

δοχείο χρωμάτων

pot cét

βίδες

sekrup bor

μουσικά όργανα
alat musik

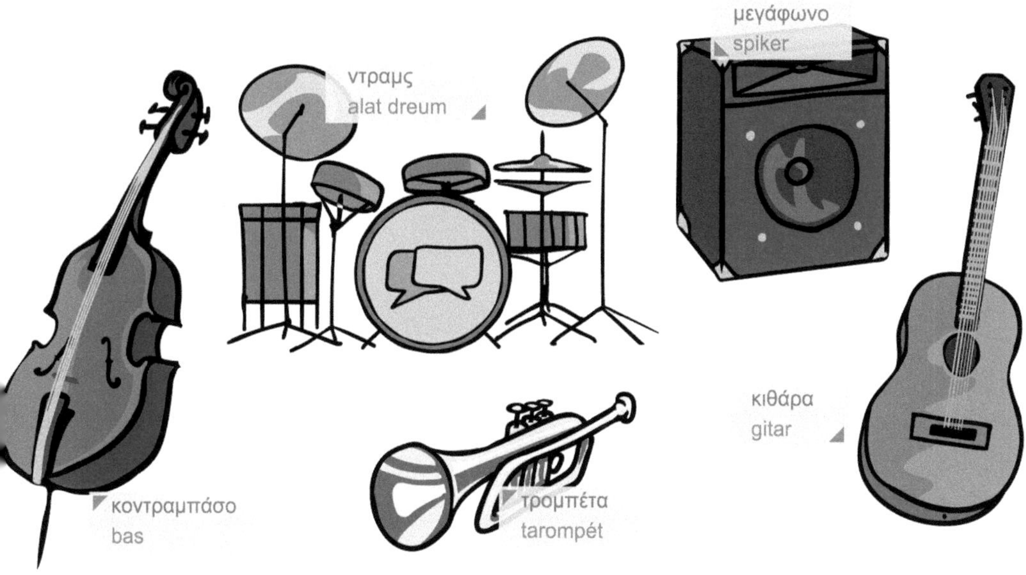

μεγάφωνο
spiker

ντραμς
alat dreum

κοντραμπάσο
bas

τρομπέτα
tarompét

κιθάρα
gitar

πιάνο
piano

βιολί
violin

μπάσο
bas

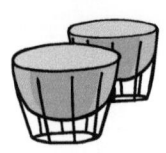
τύμπανα
tambur

τύμπανο
dreum

πλήκτρα
keyboard

σαξόφωνο
saksofon

φλάουτο
suling

μικρόφωνο
mikrofon

μουσικά όργανα - alat musik

ζωολογικός κήπος
kebon binatang

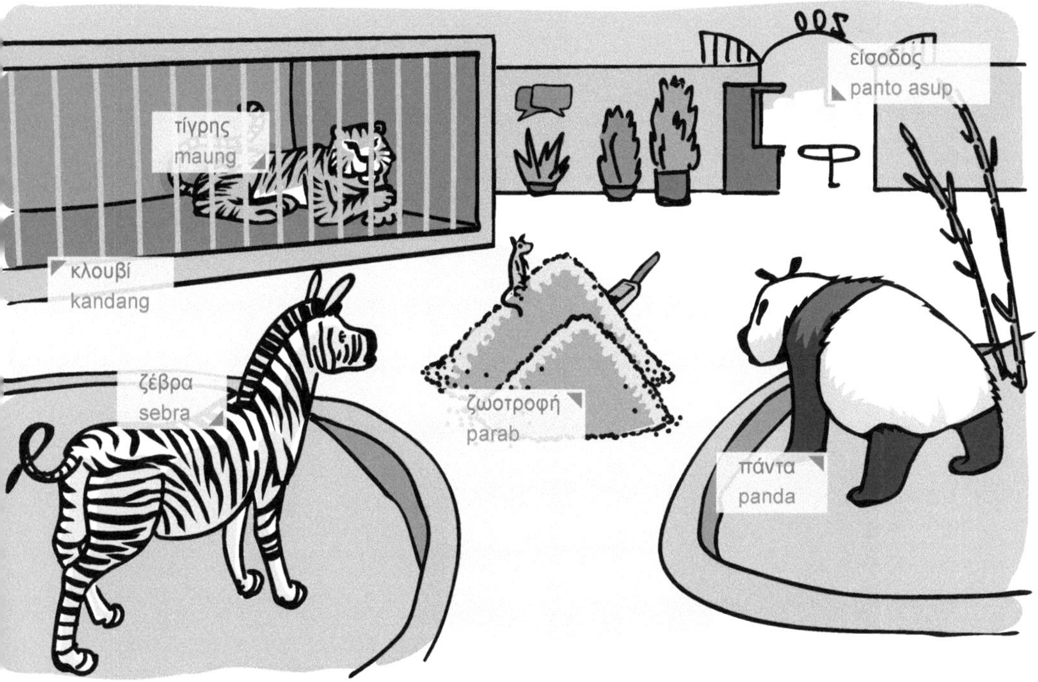

- τίγρης / maung
- είσοδος / panto asup
- κλουβί / kandang
- ζέβρα / sebra
- ζωοτροφή / parab
- πάντα / panda

ζώα
sato

ελέφαντας
gajah

καγκουρό
kanguru

ρινόκερος
badak

γορίλας
gorila

αρκούδα
biruang

καμήλα
onta

στρουθοκάμηλος
manuk onta

λιοντάρι
singa

πίθηκος
monyét

φλαμίνγκο
flamingo

παπαγάλος
manuk béo

πολική αρκούδα
biruang polar

πιγκουίνος
penguin

καρχαρίας
hiu

παγώνι
merak

φίδι
oray

κροκόδειλος
buaya

φύλακας ζωολογικού κήπου
tukang jaga kebon binatang

φώκια
anjing laut

τζάγκουαρ
jaguar

ζωολογικός κήπος - kebon binatang

 πόνυ kuda poni	 λεοπάρδαλη macan tutul	ιπποπόταμος kuda nil
καμηλοπάρδαλη jerapah	 αετός heulang	 αγριογούρουνο bagong
 ψάρι lauk	 χελώνα kuya	θαλάσσιος ίππος anjing laut
 αλεπού robah	 γαζέλα kijang	

ζωολογικός κήπος - kebon binatang

αθλήματα - olahraga

| γράφω | σχεδιάζω | δείχνω |
| nyerat / nulis | ngalukis | ningalikeun |

| πιέζω | δίνω | παίρνω |
| ngadorong | méré | mawa |

δραστηριότητες - aktivitas

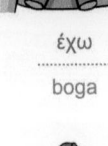
έχω
boga

κάνω
ngalakukeun

είμαι
nya éta

στέκομαι
tatih

τρέχω
lumpat

τραβάω
narik

ρίχνω
malédog

πέφτω
ragrag

ξαπλώνω
saré

περιμένω
nungguan

κουβαλώ
nyandak

κάθομαι
diuk

φοράω
anggé acuk

κοιμάμαι
saré

ξυπνάω
hudang

δραστηριότητες - aktivitas

κοιτάω
ningali

κλαίω
méwék

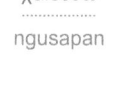

χαϊδεύω
ngusapan

χτενίζω
nyisir

μιλάω
nyarita

καταλαβαίνω
ngarti

ρωτάω
naros

ακούω
ngadéngé

πίνω
nginum

τρώω
dahar

συγυρίζω
bébérés

αγαπάω
bogoh

μαγειρεύω
masak

οδηγώ
nyetir

πετάω
hiber

δραστηριότητες - aktivitas

κάνω ιστιοπλοΐα
balayar

υπολογίζω
ngitung

διαβάζω
maca

μαθαίνω
diajar

δουλεύω
gawé

παντρεύομαι
kawin

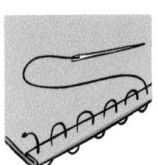
ράβω
ngajait

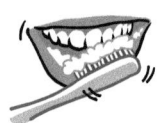
βουρτσίζω τα δόντια
sikat huntu

σκοτώνω
maéhan

καπνίζω
ngarokok

στέλνω
ngirim

66   δραστηριότητες - aktivitas

γιαγιά / nini
παππούς / aki
πατέρας / bapak
μητέρα / emak
μωρό / orok
κόρη / budak awéwé
γιος / budak lalaki

καλεσμένος
tamu

θεία
bibi

θείος
emang

αδελφός
aa

αδελφή
tétéh

οικογένεια - kulawarga

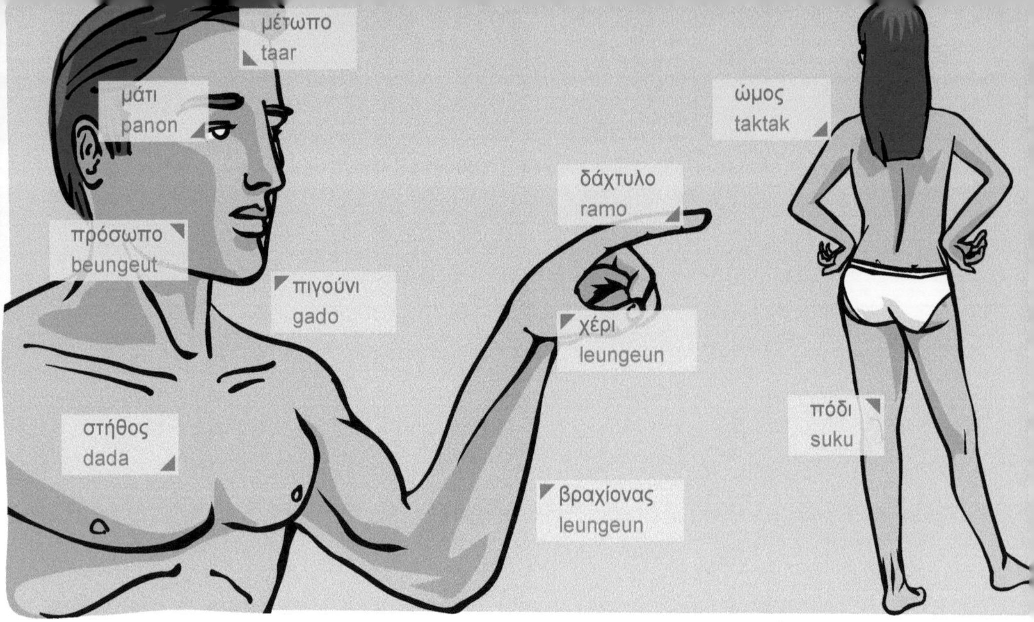

μέτωπο
taar

μάτι
panon

ώμος
taktak

πρόσωπο
beungeut

δάχτυλο
ramo

πιγούνι
gado

χέρι
leungeun

στήθος
dada

πόδι
suku

βραχίονας
leungeun

μωρό
orok

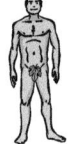

άνδρας
lalaki

γυναίκα
awéwé

κορίτσι
awéwé

αγόρι
lalaki

κεφάλι
sirah

σώμα - awak

πλάτη	κοιλιά	αφαλός
tonggong	beuteung	bujal
δάχτυλο ποδιού	φτέρνα	κόκκαλο
jempol	keuneung	tulang
γοφός	γόνατο	αγκώνας
cangkéng	tuur	sikut
μύτη	γλουτός	δέρμα
irung	bujur	kulit
μάγουλο	αυτί	χείλος
pipi	ceuli	biwir

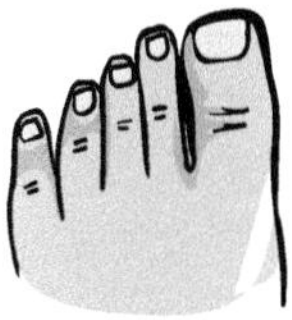

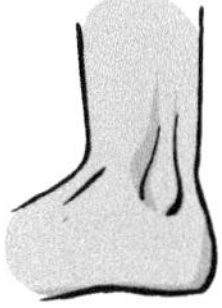

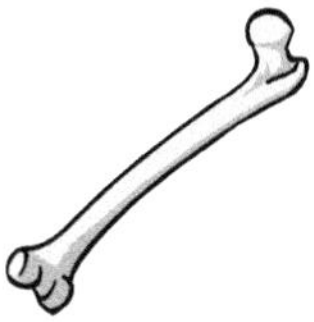

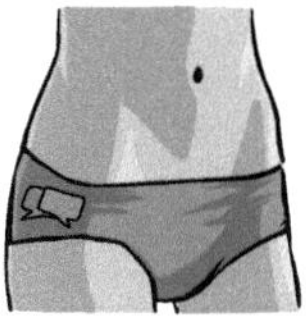

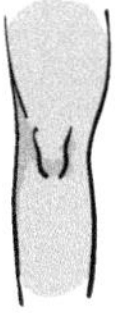

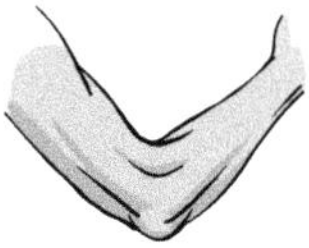

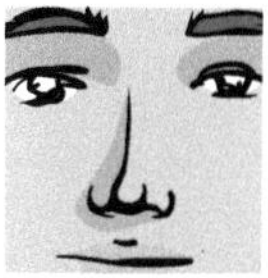

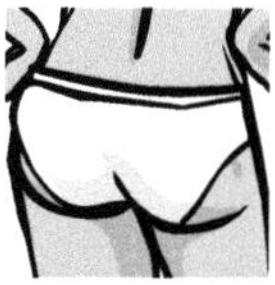

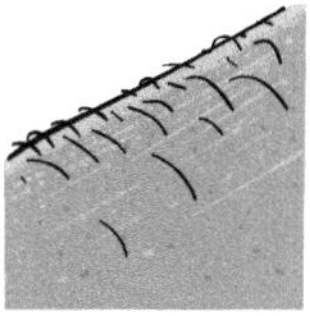

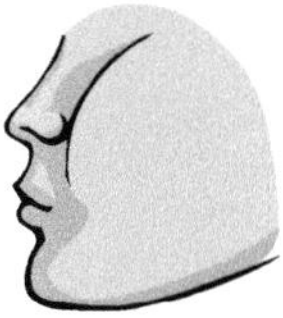

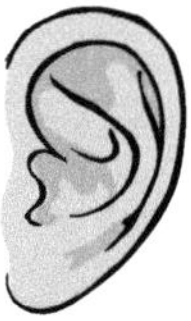

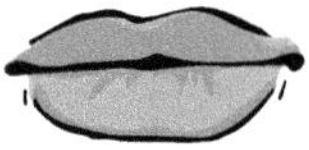

σώμα - awak

στόμα	δόντι	γλώσσα
baham	huntu	létah

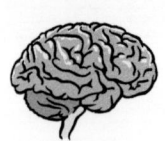 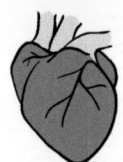 

εγκέφαλος	καρδιά	μυς
uteuk	haté	otot

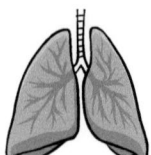  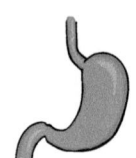

πνεύμονας	συκώτι	στομάχι
bayah	ati	lambung

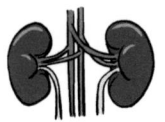  

νεφρά	σεξουαλική επαφή	προφυλακτικό
ginjal	sapatemon	kondom

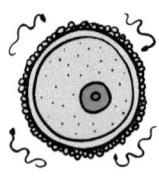  

ωάριο	σπέρμα	εγκυμοσύνη
sél telur	spérma	kakandungan

σώμα - awak

haid	heunceut	sirit

φρύδι	μαλλιά	λαιμός
halis	buuk	beuheung

σώμα - awak

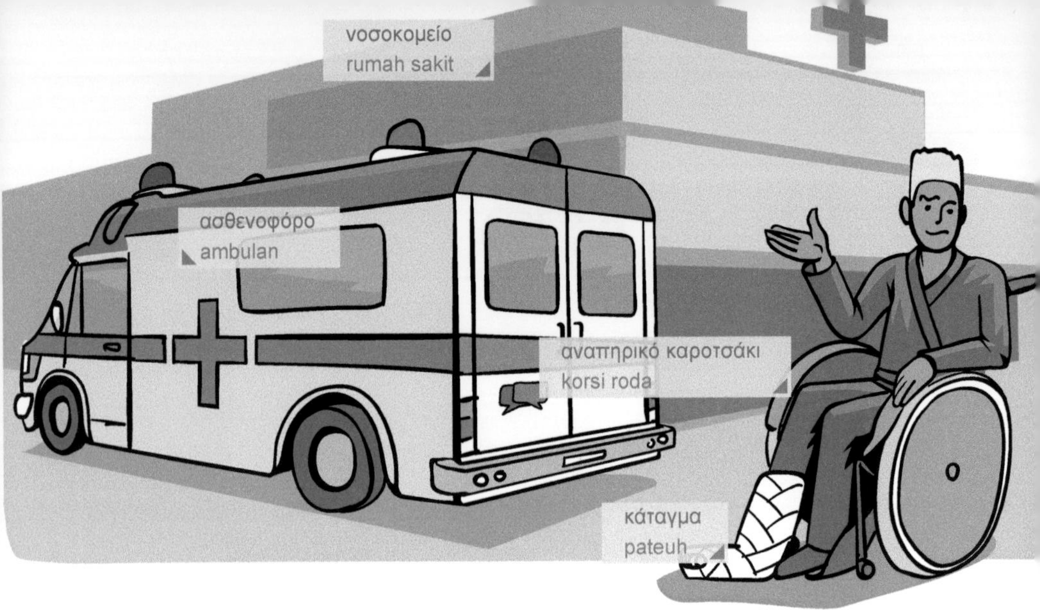

γιατρός
dokter

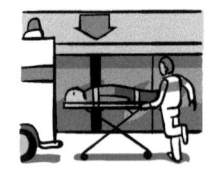
μονάδα εντατικής θεραπείας
rohang darurat

νοσοκόμα
parawat

έκτακτη ανάγκη
darurat

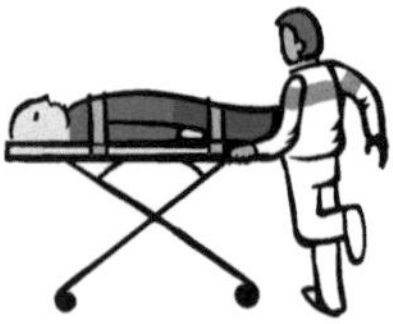

λιπόθυμος
pingsan

πόνος
nyeri

νοσοκομείο - rumah sakit

τραύμα	αιμορραγία	έμφραγμα
tatu	ngaluarkeun getih	jantungan

εγκεφαλικό	αλλεργία	βήχας
strok	alérgi	batuk

πυρετός	γρίπη	διάρροια
muriang	salésma	birit

  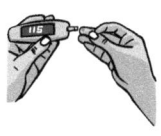

πονοκέφαλος	καρκίνος	διαβήτης
rieut	kanker	diabétés

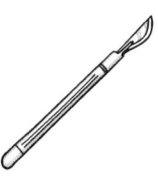 

χειρουργός	νυστέρι	εγχείρηση
ahli bedah	péso bedah	operasi

νοσοκομείο - rumah sakit

αξονική τομογραφία	ακτινογραφία	υπέρηχος
CT	sinar x	usg

μάσκα	ασθένεια	αίθουσα αναμονής
topéng	panyakit	rohang tunggu

 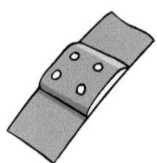 

πατερίτσα	χάνσαπλαστ	επίδεσμος
pangrojong	paléstér	perban

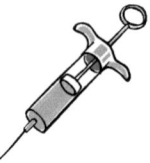 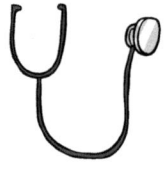 

ένεση	στηθοσκόπιο	φορείο
injéksi	stétoskop	tandu

θερμόμετρο	γέννηση	υπέρβαρο
termométer klinis	kalahiran	obésitas

νοσοκομείο - rumah sakit

ακουστικό βαρηκοΐας | αντισηπτικό | λοίμωξη
alat bantu dédéngéan | désinféktan | inféksi

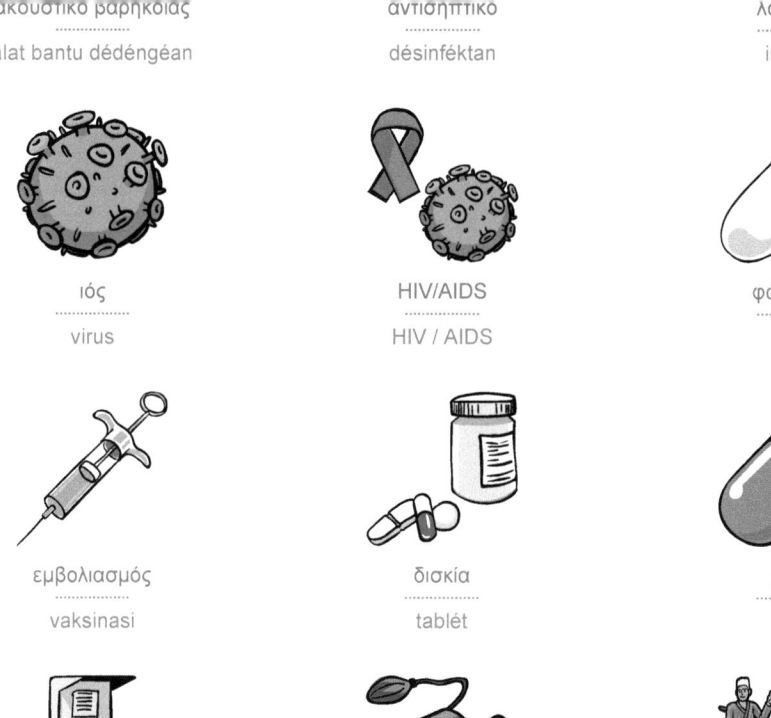

ιός | HIV/AIDS | φάρμακο
virus | HIV / AIDS | obat

εμβολιασμός | δισκία | χάπι
vaksinasi | tablét | pil

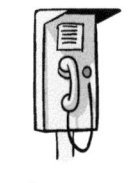  

κλήση έκτακτης ανάγκης | πιεσόμετρο αίματος | άρρωστος / υγιής
panggilan darurat | ngukur ténsi | gering / séhat

νοσοκομείο - rumah sakit

Βοήθεια! Tulung!	 συναγερμός alarem	 βιαιοπραγία gangguan
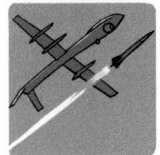 επίθεση narajang	 κίνδυνος bahaya	 έξοδος κινδύνου panto darurat
Φωτιά! Seuneu!	 πυροσβεστήρας alat pemadam kabakaran	 ατύχημα kacilakaan
 κουτί πρώτων βοηθειών kotak P3K	 SOS SOS	 αστυνομία pulisi

έκτακτη ανάγκη - darurat

Ευρώπη
Eropa

Βόρεια Αμερική
Amérika Utara

Νότια Αμερική
Amérika Selatan

Αφρική
Afrika

Ασία
Asia

Αυστραλία
Australi

Ατλαντικός Ωκεανός
Atlantik

Ειρηνικός Ωκεανός
Pasifik

Ινδικός Ωκεανός
Samudra Hindia

Ανταρκτικός Ωκεανός
Samudra Antartika

Αρκτικός Ωκεανός
Samudra Arktik

Βόρειος Πόλος
Kutub Utara

Γη - Bumi

Νότιος Πόλος	Ανταρκτική	Γη
Kutub Selatan	Antartika	Bumi

γη	θάλασσα	νησί
tanah	laut	pulau

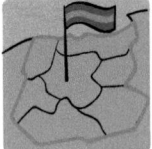 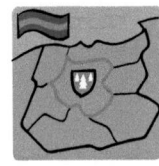

έθνος	πολιτεία
bangsa	nagara

καντράν ρολογιού
jam wajah

ωροδείκτης
jarum péndék

λεπτοδείκτης
jarum menit

δείκτης δευτερολέπτων
jarum detik

Τι ώρα είναι;
Tabuh sabaraha?

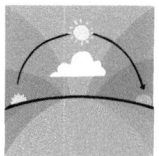
ημέρα
poé

χρόνος
waktos

τώρα
ayeuna

ψηφιακό ρολόι
jam digital

λεπτό
menit

ώρα
jam

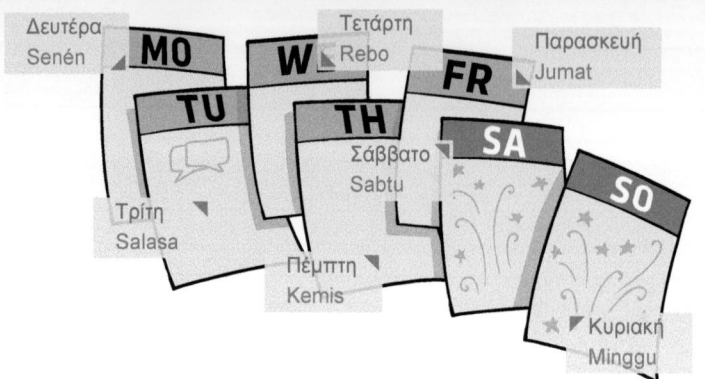

χθες

kamari

σήμερα

dinten ayeuna

αύριο

énjing

πρωί

énjing-énjing / isuk-isuk

μεσημέρι

siang

βράδυ

peuting

εργάσιμες ημέρες

poé gawé

Σαββατοκύριακο

akhir minggu

εβδομάδα - minggu

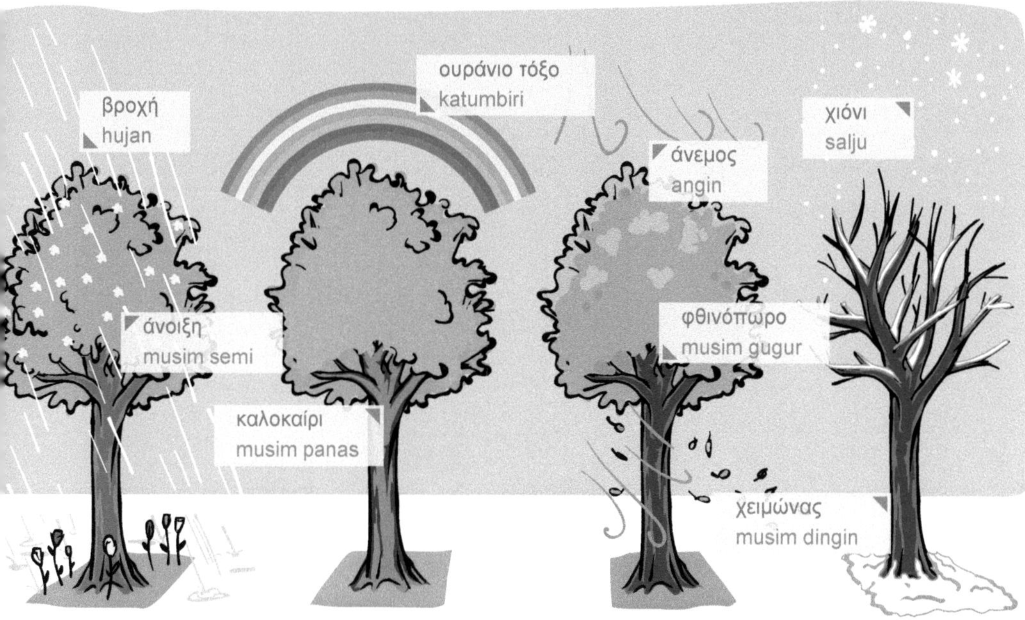

βροχή / hujan

ουράνιο τόξο / katumbiri

χιόνι / salju

άνεμος / angin

άνοιξη / musim semi

φθινόπωρο / musim gugur

καλοκαίρι / musim panas

χειμώνας / musim dingin

πρόγνωση καιρού

ramalan cuaca

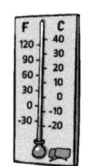

θερμόμετρο

térmométer

λιακάδα

panon poé

σύννεφο

awan

ομίχλη

pepedut

υγρασία

kelembaban

έτος - taun

αστραπή
gelap

κεραυνός
guntur

καταιγίδα
badai

χαλάζι
hujan és

μουσώνας
angin muson

πλημμύρα
caah

πάγος
és

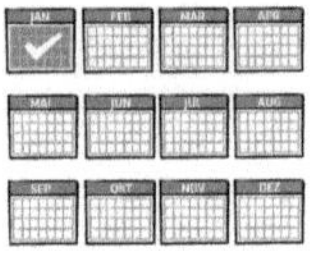

Ιανουάριος
Januari

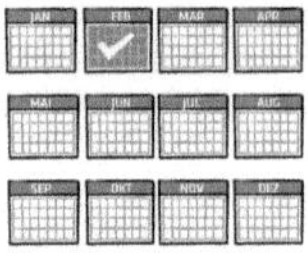

Φεβρουάριος
Pébruari

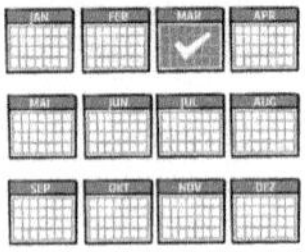

Μάρτιος
Maret

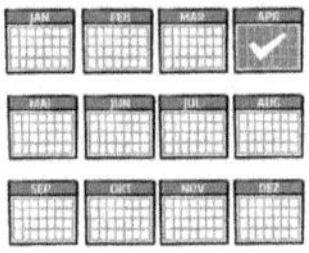

Απρίλιος
April

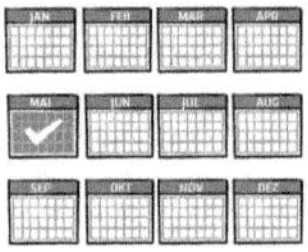

Μάιος
Mei

Ιούνιος
Juni

Ιούλιος
Juli

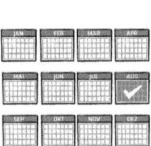

Αύγουστος
Agustus

έτος - taun

Σεπτέμβριος
Séptémber

Οκτώβριος
Oktober

Νοέμβριος
Nopémber

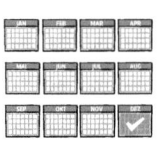

Δεκέμβριος
Désémber

σχήματα
bentuk

κύκλος
buleudan

τετράγωνο
persegi

ορθογώνιο
παραλληλόγραμμο
persegi panjang

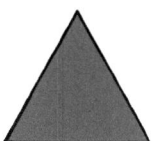

τρίγωνο
segi tiga

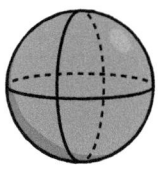

σφαίρα
bola

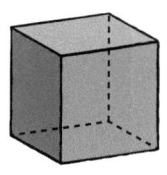

κύβος
kubus

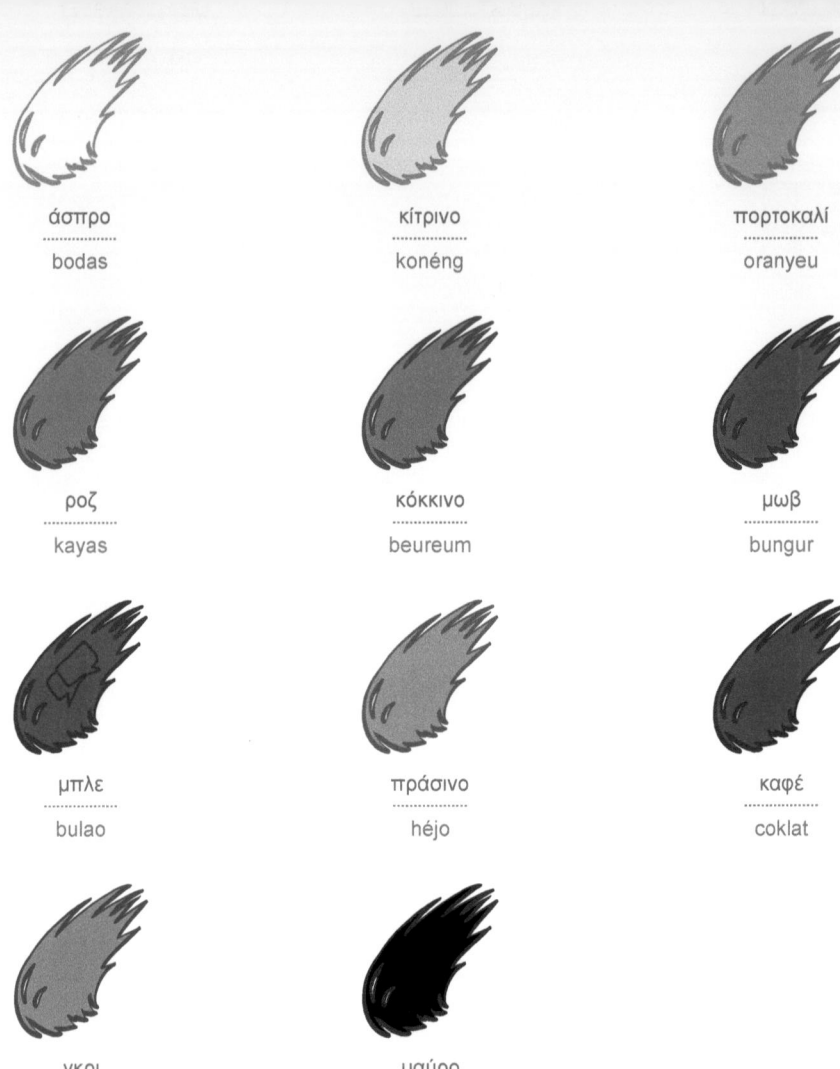

| άσπρο | κίτρινο | πορτοκαλί |
| bodas | konéng | oranyeu |

| ροζ | κόκκινο | μωβ |
| kayas | beureum | bungur |

| μπλε | πράσινο | καφέ |
| bulao | héjo | coklat |

| γκρι | μαύρο |
| abu-abu | hideung |

χρώματα - warna-warna

πολύ / λίγο
loba / saeutik

θυμωμένος / ήρεμος
ambek / kalem

όμορφος / άσχημος
geulis / goreng

αρχή / τέλος
ngamimitian / réngsé

μεγάλος / μικρός
gedé / leutik

φωτεινός / σκοτεινός
caang / poék

αδελφός / αδελφή
dulur lalaki / dulur awéwé

καθαρός / λερωμένος
bersih / kotor

πλήρης / ατελής
lengkep / teu lengkep

ημέρα / νύχτα
poé / peuting

νεκρός / ζωντανός
paéh / hirup

φαρδύς / στενός
lega / heureut

αντίθετα - sabalikna

βρώσιμος / μη βρώσιμος
bisa didahar / teu bisa didahar

κακός / ευγενικός
jahat / bageur

ενθουσιασμένος / βαριεστημένος
sumanget / bosen

παχύς / λεπτός
badag / begang

πρώτος / τελευταίος
kahiji / terakhir

φίλος / εχθρός
baturan / musuh

γεμάτος / άδειος
pinuh / kosong

σκληρός / μαλακός
heuras / lemes

βαρύς / ελαφρύς
beurat / hampang

πείνα / δίψα
kalaparan / haus

άρρωστος / υγιής
gering / séhat

παράνομος / νόμιμος
ilegal / legal

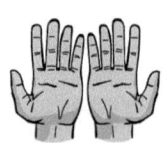

έξυπνος / χαζός
calakan / bodo

αριστερός / δεξιός
kénca / katuhu

κοντινός / μακρινός
deukeut / jauh

αντίθετα - sabalikna

καινούριος / μεταχειρισμένος
anyar / urut

τίποτα / κάτι
euweuh nanaon / aya nanaon

γέρος | νέος
kolot / ngora

αναμμένος / σβηστός
hurung / pareum

ανοιχτός / κλειστός
buka / tutup

χαμηλόφωνος / μεγαλόφωνος
jempé / gandéng

πλούσιος / φτωχός
beunghar / sangsara

σωστός / λανθασμένος
bener / salah

τραχύς / λείος
kasar / lemes

λυπημένος / χαρούμενος
sedih / gumbira

κοντός / μακρύς
pendék / panjang

αργός / γρήγορος
alon / gancang

υγρός / στεγνός
baseuh / garing

ζεστός / δροσερός
haneut / tiis

πόλεμος / ειρήνη
perang / damai

αντίθετα - sabalikna

0	1	2
μηδέν	ένα	δύο
nol	hiji	dua

3	4	5
τρία	τέσσερα	πέντε
tilu	opat	lima

6	7	8
έξι	εφτά	οκτώ
genep	tujuh	dalapan

9	10	11
εννιά	δέκα	έντεκα
salapan	sapuluh	sawelas

αριθμοί - angka-angka

δώδεκα
duawelas

δεκατρία
tiluwelah

δεκατέσσερα
opatwelas

15

δεκαπέντε
limawelas

16

δεκαέξι
genepwelas

17

δεκαεφτά
tujuhwelas

18

δεκαοκτώ
dalapanwelas

19

δεκαεννέα
salapanwelas

20

είκοσι
duapuluh

100

εκατό
saratus

1.000

χίλια
sarébu

1.000.000

εκατομμύριο
sajuta

αριθμοί - angka-angka

| Αγγλικά | Αμερικάνικα Αγγλικά | Μανδαρίνικα Κινέζικα |
| Inggris | basa Inggris Amerika | basa Cina Mandarin |

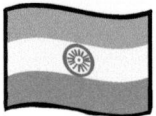 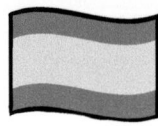 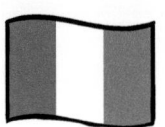

| Χίντι | Ισπανικά | Γαλλικά |
| basa Hindi | basa Spanyol | basa Perancis |

 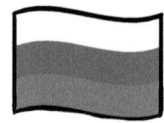 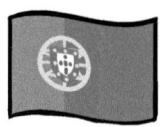

| Αραβικά | Ρώσικα | Πορτογαλικά |
| basa Arab | basa Rusia | basa Portugis |

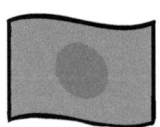 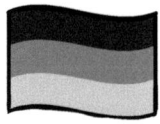 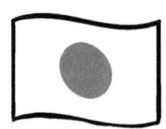

| Μπενγκάλι | Γερμανικά | Ιαπωνικά |
| basa Bengal | basa Jerman | basa Jepang |

γλώσσες - basa-basa

εγώ
urang

εσύ
manéh

αυτός / αυτή / αυτό
anjeunna / manéhna

εμείς
arurang

εσείς
maranéh

αυτοί / αυτές / αυτά
aranjeunna / maranéhna

ποιος / ποια / ποιο;
saha?

τι;
naon?

πώς;
kumaha?

πού;
di mana?

πότε;
iraha?

όνομα
wasta / ngaran

ποιος / τι / πως - saha / naon / kumaha

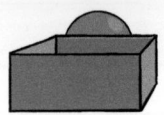
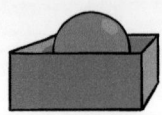

πίσω	μέσα	μπροστά
di tukang	di	di hareup

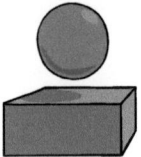

πάνω από	πάνω	κάτω
di luhureun	di luhur	di handapeun

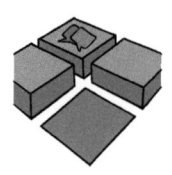

δίπλα	ανάμεσα	μέρος
di gigir	antawis	tempat

που - di mana